ACADÉMIE DE LYON

PERRACHE
CRAPONNE ET DE MONTRICHER

FRAGMENTS BIOGRAPHIQUES

DISCOURS DE RÉCEPTION

DE

M. DUMONT

INGÉNIEUR EN CHEF DES PONTS ET CHAUSSÉES

CHEVALIER DE LA LÉGION D'HONNEUR, ETC.

PRONONCÉ DANS LA SÉANCE PUBLIQUE

Du 23 Décembre 1879.

BAGNOLS

IMPRIMERIE TYPOGRAPHIQUE Ve ALBAN BROCHE

10, RUE CANILLAC, 10

1880

ACADÉMIE DE LYON

PERRACHE
CRAPONNE ET DE MONTRICHER

FRAGMENTS BIOGRAPHIQUES

DISCOURS DE RÉCEPTION

DE

M. DUMONT

INGÉNIEUR EN CHEF DES PONTS ET CHAUSSÉES
CHEVALIER DE LA LÉGION D'HONNEUR, ETC.

PRONONCÉ DANS LA SÉANCE PUBLIQUE

Du 23 Décembre 1879.

BAGNOLS
IMPRIMERIE TYPOGRAPHIQUE Ve ALBAN BROCHE
10, RUE CANILLAC, 10

1880

MESSIEURS,

A toutes les époques, votre savante Compagnie, animée d'un ardent amour du bien public, s'est vivement préoccupée des grandes questions municipales qui intéressent la ville de Lyon.

C'est un de ses membres, Perrache, dont j'essayerai de raconter plus loin la noble carrière qui a donné son nom à l'un des quartiers les plus importants de la cité ; n'est-ce pas l'Académie de Lyon qui prit, au commencement de ce siècle, l'initiative de la question des eaux ?

On a toujours vu votre Compagnie étudier avec ardeur et persévérance ces questions d'hygiène, d'alimentation, de salubrité qui intéressent la classe la plus nombreuse et la plus souffrante et y apporter par ses travaux une vive lumière.

Sous l'empire de ces pensées et de ces traditions, vous avez jeté un coup-d'œil indulgent sur les travaux qu'à diverses époques de ma carrière d'ingénieur j'ai exécutés à Lyon ; vous avez pensé que ce titre était suffisant pour justifier vos suffrages et compenser tant de qualités qui me feraient défaut pour me tenir à la hauteur de vos traditions scientifiques et littéraires.

C'est d'ailleurs, Messieurs, un devoir pour moi de rappeler que j'entrai dans votre Compagnie sous le patronage de l'illustre Président Sauzet. Il est toujours doux d'évoquer le souvenir de cette grande intelligence qui jeta un vif éclat sur sa ville natale et sur cette Compagnie qu'il aimait tant. L'un de vous a décrit avec autant de talent que d'affection cette existence, honorée de tant d'amitiés. Qui ne se souvient de la bonté et de la sereine indulgence pour tous du grand orateur, dont la mémoire sera toujours bénie dans cette enceinte !

Je rappelais tout à l'heure les divers travaux que j'ai exécutés à Lyon ; ils se rattachent à la régénération matérielle de cette ville, qui date de 1852.

Le moment n'est pas encore venu, où dégagé des passions politiques, on pourra jeter un coup-d'œil impartial sur cette phase de notre histoire municipale.

Je me contenterai de faire observer que ce fut là une œuvre plutôt collective qu'individuelle; qu'il serait injuste d'en attribuer tout le mérite à l'administrateur qui présidait à cette époque avec des pouvoirs absolus, à la direction de la ville de Lyon. Sans nier son remarquable coup-d'œil et tout en reconnaissant l'activité et la haute intelligence qu'il apportait à l'accomplissement d'une œuvre bien facilitée d'ailleurs par la concentration de tous les pouvoirs, ne laissons pas dans l'oubli les noms des nombreux collaborateurs qui le secondèrent et sans lesquels il n'aurait pu réaliser une telle tâche ; j'ai nommé en première ligne Bonnet, Desjardins, Poncet, Dardel, etc.

Les hommes associés à une grande œuvre, s'animent toujours d'un feu commun et sacré ; inspirés par la conviction de faire le bien, c'est dans leur conscience qu'ils trouveront d'abord leur première récompense, la force de mépriser d'absurdes calomnies ; peu à peu le temps fera le reste.

L'histoire de nos grands travaux publics non seulement à Lyon, mais en France, reste à faire; ce travail ne manquerait ni d'intérêt ni de précieux enseignements ; nous verrions à toutes les époques l'homme rêvant l'exécution d'une œuvre d'utilité publique pour sa ville natale ou son pays, en butte à une foule de difficultés, d'objections et de calomnies, ne réussissant qu'à force de sacrifices et de persévérance et trop souvent victime de son dévouement au bien public. Nous en trouverons la preuve en esquissant l'histoire rapide de quelques uns de ces travaux.

Je commence par Perrache.

C'est dans les premiers mois de l'année 1766 que Antoine-Michel Perrache présenta pour la première fois au Contrôleur-général son projet *pour l'agrandissement et l'embellissement de la ville de Lyon* dans sa partie méridionale.

L'assemblée des notables de la ville, à laquelle le Prévôt des marchands le soumit, au nom du Ministre, en confia l'examen à des commissaires choisis par délibération du 1er mai 1766. Ce premier essai ne fut point heureux. Après une discussion approfondie, en présence de Perrache, ces commissaires rédigèrent un rapport où furent signalés les obstacles qui s'opposaient, disaient-ils, à l'exécution du projet.

Ces motifs présentés à l'assemblée générale des noables l'amenèrent à déclarer dans sa séance du 6 juin que le projet devait être rejeté.

Cette décision qui ne peut que nous faire sourire aujourd'hui, ne découragea pas Perrache qui possédait entr'autres qualités celles qui sont le plus nécessaires aux promoteurs de grandes idées, c'est-à-dire la foi et la persévérance.

Rebuté et méconnu dans sa ville natale, il partit pour Paris et là, aidé par quelques amis, entr'autres par Soufflot et Couston, il agit auprès de la cour pour faire apprécier l'utilité de son projet.

Il fallut quatre ans de démarches et d'efforts persévérants pour obtenir un résultat, et le 13 octobre 1770 des lettres-patentes du roi furent rendues sur arrêt du Conseil pour autoriser l'entreprise.

Il faut citer le préambule de ces lettres patentes parce qu'elles établissent d'une manière précise le but et le caractère de l'œuvre.

« Notre cher et bien aimé sieur Perrache, l'un des « 40 de l'Académie de Lyon, nous a fait exposer qu'il au- « rait, en l'année 1766, présenté dans une assemblée des « notables de cette ville un projet pour l'établissement « d'un cours qui servirait en même temps de grand « chemin pour la communication des provinces de Forez « et de Vivarais avec le Languedoc : dans l'exécution de « ce projet, la ville de Lyon trouvera l'avantage d'avoir « une route commode et aisée qui conduira à l'extrémité « de la ville, au lieu appelé la Mulatière. Ce chemin qui « sera construit en ligne droite sur la rive du Rhône avec « un plant d'arbres de haute futaie, formera une prome- « nade agréable ;

« Il y aura des ports d'une étendue immense, le Rhône « sera fixé dans son véritable lit ; la ville sera terminée « par un grand bassin, offrant aux bateaux chargés de « marchandises un asile sûr et commode, etc., etc. »

Mais ces lettres-patentes ne suffisant pas d'après la jurisprudence du temps, il était nécessaire de les faire enregistrer par le conseil supérieur de Lyon.

Cet enregistrement n'eut lieu que le 24 décembre 1771.

On a vu que les notables de la ville de Lyon avaient obstinément rejeté le projet et ne l'acceptèrent que contraints et forcés par les lettres-patentes du roi. Aussi imposa-t-on à Perrache les conditions les plus rigoureuses.

Le Prévôt des marchands et les échevins lui déclarèrent que ne croyant pouvoir rien changer à ce qui avait été déterminé dans l'assemblée des notables, c'était à lui à se désister de son projet s'il ne voulait point accepter ces conditions.

A partir de l'année 1771, Perrache se mit à l'œuvre pour réunir les capitaux nécessaires à son entreprise. La chose n'était pas facile, car à cette époque on n'était point encore familiarisé avec ces grandes agglomérations de capitaux si communes de nos jours. Bien que la somme à trouver n'excédât pas un million et demi, il fallut se livrer à des combinaisons ingénieuses et qu'il serait trop long d'énumérer ici, pour réunir le nombre des associés nécessaires. Il y parvint cependant, et on voit figurer parmi les nombreux intéressés MM. de Montbrillon, de Fleurieu, Jean Milanet, Dervieu de Villars, etc.

Soufflot et Couston avaient généreusement cédé leur intérêt à Perrache et devinrent simples créanciers de la Société.

Cette société était composée seulement de vingt-cinq personnes divisées en plusieurs classes ayant un intérêt inégal. Ce ne fut pas sans soutenir de vives polémiques que Perrache parvint enfin à l'organiser. On lui contestait tout avec une haineuse passion, et ces attaques étaient formulées dans plusieurs écrits anonymes.

Les uns prétendaient que les terrains qui seraient gagnés n'auraient jamais la valeur que leur attribuait ce Perrache, c'est-à-dire 6 fr. par mètre carré. Les autres, que la pente du Rhône ne serait pas suffisante pour faire mouvoir les moulins qu'il se proposait d'établir ; que ces moulins auraient un produit insuffisant, que la nouvelle direction donnée au Rhône serait nuisible à la ville, qu'il faudrait plus de dix ans pour l'exécution des travaux, etc., etc.

Perrache répondit à toutes ces objections dans son écrit intitulé : *Réponse de M. Perrache aux questions d'un financier de Paris sur son entreprise. Imprimé à Lyon chez Chavanne en février 1771.*

En lisant cet écrit, on reste convaincu que Perrache était un homme essentiellement pratique et qu'il avait étudié profondément tous les détails de son entreprise. Il termine ainsi :

« J'ai dit la vérité. J'ai cherché à persuader parce que je suis persuadé moi-même. Je sollicitais depuis longtemps la vérification publique de mes nivellements, j'ai enfin obtenu qu'elle sera faite de la manière la plus capable de rassurer tous les intéressés. »

Elle fut faite en effet et le résultat confondit ses accusateurs.

Devenu vis à vis de sa société, adjudicataire des travaux, Perrache éleva d'abord la chaussée du Rhône ; ce travail prit quelques années,par suite de difficultés financières ; mais enfin, grâce à un emprunt de quinze cent mille francs que la Société réussit à contracter à Gênes, on put terminer à peu près cette chaussée, et en 1776 on jetait les fondements du pont de la Mulatière.

Alors, survinrent des accidents considérables et qu'on n'avait pas pu prévoir.

Des crues excessives des deux fleuves causèrent de grands dommages qui alarmèrent les intéressés et compromirent gravement le crédit de l'entreprise. En se multipliant, Perrache essayait de faire face à toutes ces difficultés.

Heureusement,il avait auprès de lui une sœur dévouée qui prenait part à tous ses ennuis et qui soutenait son courage.

La mort vint le surprendre au mois d'octobre 1779.

Cette sœur, femme vaillante et dévouée, ne répudia pas son héritage ; aidée de quelques conseils, elle se mit bravement à la tête de l'entreprise. Elle en conserva la direction jusqu'au 23 avril 1782.

A cette époque, les associés firent avec elle un traité et reprirent la direction des travaux.

Quant à la sœur de Perrache, elle se retira en cherchant à liquider de la manière la plus honorable une situation très compromise. Elle fut obligée de vendre deux maisons qu'elle possédait à Lyon et de se réduire à une rente viagère des plus modestes. Elle mourut deux ans après dans l'isolement et presque dans la misère.

Les associés se retournèrent alors vers le roi qui vint à leur secours par un prêt gratuit de 300,000 francs pour un temps indéfini, destinés à acquitter l'intérêt des quinze cent mille francs empruntés à Gênes. Quelques mois plus tard, le roi fait don des trois cent mille francs et prend pour son compte, à la décharge de la compagnie, l'emprunt de quinze cent mille francs.

Mais on touchait à l'année 1785 ; la révolution grondait déjà à l'horizon.

La ville de Lyon allait traverser une de ces crises terribles dont elle ne se serait jamais relevée si ses enfants n'avaient conservé au fond du cœur les traditions de la religion, de la véritable liberté et de ce patriotisme plus fort que toutes les tyrannies.

Au milieu des horreurs du siège, on perdit de vue l'entreprise. Les travaux furent suspendus et la Société, réduite peu à peu par le décès de ses membres, ne fut plus qu'une ombre.

En 1806 la presqu'île de Perrache fut achetée par la ville moyennant la somme de 300,000 fr. Dans la même année, la presqu'île est cédée par la ville à l'empereur Napoléon Ier, à la condition d'ériger un palais sur les terrains donnés (*loi du* 10 *mai* 1806).

La condition n'ayant point été remplie, la ville demanda en 1816 à redevenir propriétaire ; elle réclama sans se lasser pendant six ou sept ans. Enfin, en 1823, la loi du 30 avril rend à la ville la propriété de la presqu'île. En 1826 et dans les années suivantes, la municipalité divise cette presqu'île, y ouvre des rues, des places, des quais, forme des lots, en vend des parties importantes. L'œuvre de Perrache se réalise enfin dans toute son ampleur ; la population en recueille tous les bénéfices.

J'ai fini, Messieurs, d'esquisser à grands traits cette histoire. Tout homme équitable reconnaîtra que la ville de Lyon a contracté vis à vis de Perrache une dette sacrée qu'il importe d'acquitter. On peut être étonné qu'aucune statue de cet homme de bien ne figure encore sur une de nos places publiques.

Il est un autre promoteur d'une grande idée dont le sort a encore été plus malheureux que celui de Perrache, c'est Craponne, auteur du Canal d'irrigation qui porte son nom et qui a transformé d'une manière si heureuse une partie du désert de la Crau. Craponne était de Salon, fils d'un gentilhomme protestant. Il avait le génie des grandes conceptions. Il fut frappé de la possibilité de dériver sur le plateau aride de la Crau, qui n'est qu'un gigantesque amoncellement de cailloux, les eaux fertilisantes de la Durance.

Il vivait sous le règne de Henri III, époque où les ingénieurs et artistes Italiens venaient apporter en France les enseignements de leur génie et de leur expérience. Après avoir conçu son projet, Craponne s'adressa à Marie de Médicis, et grâce à son appui il obtint la concession de son canal.

On n'avait point encore inventé à cette époque ce formidable assemblage de formalités administratives, d'enquêtes et de contre-enquêtes que de regrettables traditions bureaucratiques ont créé dans notre pays.

Mais Craponne avait compté sans l'incrédulité, les méfiances et les hostilités de ses compatriotes de Salon qui devaient cependant être les premiers à bénéficier de la féconde dérivation qu'il avait conçue.

Jeune, ardent, convaincu, possesseur d'une fortune considérable, il n'hésita pas à la mettre toute entière à l'exécution de son projet. Ce fut là une faute qu'il devait expier cruellement.

Après plusieurs années d'efforts et malgré les hostilités et les attaques incessantes de ses contradicteurs, il était arrivé à exécuter la plus grande partie des travaux et il crut pouvoir annoncer aux habitants de Salon que les eaux arriveraient sur son territoire à un jour déterminé.

Ce jour était un dimanche. La population entière de Salon et des villages environnants s'était portée sur les levées du canal et elle attendait l'événement annoncé.

Il était quatre heures du soir, on ne voyait rien venir; enfin, on aperçut le malheureux ingénieur couvert de boue qui cheminait tristement.

Il ne s'était pas trompé dans ses calculs, mais il n'avait point compté sur des déperditions d'eau qui devaient retarder de quelques heures leur arrivée. La population irritée de cette longue attente ne veut rien entendre; elle pousse des cris furieux et Craponne ne dut la vie qu'au curé de Salon qui le cacha dans sa cave et le fit évader pendant la nuit.

Quelques jours après les eaux arrivaient Elles n'ont cessé depuis cette époque de féconder ce territoire.

Salon qui n'était qu'un misérable village perdu dans un désert est devenu une ville riche, entourée de vertes prairies, de jardins splendides, de rideaux d'arbres gigantesques, car dans ces climats on a tout, avec l'eau et le soleil.

Craponne complètement ruiné, eut toutes les peines à défendre les débris de son entreprise contre les exigences de propriétaires cupides qui n'avaient d'autre but que d'user des eaux sans payer.

C'est une histoire instructive et lamentabble que la sienne ; on y trouve comme dans celle de Perrache une bonne et excellente sœur qui le soutient dans ses épreuves, qui sacrifie pour lui sa fortune...

Il y a quelques années cependant des notables de Salon, enrichis depuis trois siècles par cette œuvre, pensèrent qu'une statue de Craponne ferait bien sur la place publique. Ils se décidèrent à la voter. Je crois qu'elle est érigée depuis quelques années. Elle a coûté quelques milliers de francs. Les Salonniens la montrent aujourd'hui avec orgueil aux étrangers qui visitent leur oasis.

Pour compléter ces esquisses, laissez-moi vous rappeler quelques traits d'une carrière féconde et raconter celle de l'ingénieur de Montricher, auteur du Canal de Marseille.

De Montricher est mort depuis vingt ans ; on peut apprécier aujourd'hui par les résultats la grandeur et l'utilité de son œuvre de génie. Le moment approche où la ville de Marseille va lui payer sa dette de reconnaissance. Il n'est donc pas sans intérêt de rappeler ici les difficultés qu'il eut à surmonter.

C'est le poète Méry qui va s'en charger, et je ne saurais mieux faire que de lui emprunter les paroles suivantes (1) :

« Pour mener à fin le canal de Marseille, il fallait « beaucoup plus qu'un ingénieur et un architecte, il « fallait une organisation d'élite et en quelque sorte pro-

---

(1) *Le Canal de Marseille*, par Méry ; 1841.

« videntielle. A cette armée de travailleurs, il fallait un « général doué de toutes les facultés qu'exigeait une « laborieuse campagne de sept ans. Il fallait un esprit « énergique ne mettant péril et obstacle à rien et plein « de cette noble confiance en lui qui supprime l'hésita- « tion dans la voix qui ordonne et la main qui exécute. « Il fallait non seulement le coup-d'œil qui sonde les « montagnes, mais la perspicacité qui devine la portée « des auxiliaires appelés à concourir au travail du chef. « Il fallait, enfin, un ingénieur prodigue de courses, « sobre de paroles, inspirant la confiance, recueillant le « respect, maître de l'œuvre et de l'ouvrier. Ceux qui ont « vu M. de Montricher sur son chantier de vingt lieues « diront que ce portrait est le sien.

« Aussi vous ne doutez pas de l'impulsion merveil- « leuse que ce jeune homme a donnée à son œuvre. Le « mineur, le déblayeur, le maçon, le pionnier, — c'est « une armée entière qui marche sur Marseille aux ap- « plaudissements des échos de toutes les montagnes ; « partout le marteau fend le roc, le ciseau équarrit la « pierre, la truelle élargit le ciment, la mine fait éclater « le granit et met au jour les mystères que la terre cachait « au soleil depuis que le souffle de Dieu éteignit les mon- « tagnes en fusion. Partout c'est une armée de civilisa- « tion qui détruit et fonde, sème des ruines pour bâtir, « féconde l'aridité, retire un monde du néant. Ni trêve « ni repos ! l'architecte a fixé l'heure, et pas un travail- « leur ne veut que l'heure trouve l'architecte infidèle ; « tous se courbent le fer à la main, comme des rameurs « sur leurs rames, et à chaque instant les éclats de l'ar- « tillerie souterraine annoncent qu'un pas de plus est « fait dans les ténèbres des lieux profonds, et l'ingénieur « passe comme l'éclair devant tout ce monde, entraîné

« par le démon du travail ; il s'élance du gouffre des « puits au sommet des montagnes, de la tranchée à « l'aqueduc, donnant ses ordres au vol, brisant un obs- « tacle, corrigeant une faute, reculant partout le domaine « de l'impossible, dérobant toute chance à la fatalité. »

Peut-être trouverez-vous, Messieurs, que le charmant poète marseillais se laisse emporter ici à une admiration un peu outrée ; je ne saurais lui en faire un reproche. Les poètes ont si souvent chanté les conquérants, la guerre, les enivrements des gloires stériles, qu'il faut bien leur pardonner de s'égarer aussi parfois à célébrer les luttes fécondes de la science et de l'industrie.

Grâce à l'énergie, à l'infatigable activité de M. de Montricher, les eaux de la Durance arrivèrent en 1847 sur le territoire de Marseille. Le 10 août de cette année, un concours immense de population se pressait aux abords du village de Saint-Antoine pour assister à cette solennité.

Tel est l'homme que la Providence avait choisi pour mener à bien la grande œuvre du Canal de Marseille.

Je l'avoue, Messieurs, je crois à l'intervention de la Providence dans de tels faits. C'est elle qui dans sa sagesse suscite à un moment donné les hommes nécessaires pour les œuvres les plus utiles comme pour les plus néfastes ; c'est elle qui leur inspire l'audace, la foi, le sentiment du sacrifice. C'est la conviction intime de cette mission qui donne aux promoteurs la persistance nécessaire. La plupart des hommes qui ont fait de grandes choses, depuis Colomb jusqu'à Lesseps sont des croyants sincères.

L'homme qui ne croit qu'à la matière, qui nie la Providence, qui est rebelle à la foi, et ne voit dans les splendeurs de la nature que des lois mécaniques, soumises à je ne sais quels perfectionnements successifs, n'est capable de rien de grand.

La foi et le désintéressement sont les véritables mobiles des grandes œuvres qui ont réussi. Quand ces deux conditions manquent, l'œuvre échoue presque toujours.

L'histoire de Montricher nous en fournit une preuve bien sensible.

De Montricher, mort à quarante-huit ans, en avait à peine trente-huit lors de l'arrivée des eaux de la Durance à Marseille. Un esprit aussi actif ne pouvait se contenter d'une seule œuvre, quelque grande qu'elle fût. Aussi le voit-on, dès 1848, s'occuper, avec sa prodigieuse activité, de l'organisation des chantiers nationaux à Marseille, de la défense de la plaine d'Arles contre les inondations du Rhône, de divers projets de chemins de fer en France ou en Italie. Mais il lui fallait un objectif plus séduisant que ces projets en quelque sorte ordinaires; il rêvait une nouvelle œuvre unique, exceptionnelle par les difficultés vaincues.

Cette œuvre contre les difficultés et les dangers de laquelle étaient venus se briser l'audace et l'énergie des Romains, c'était *le dessèchement du lac Fucino.*

Ce lac situé à 60 milles environ à l'est de Rome, dans les Abruzzes, occupait la partie inférieure d'un plateau dominé par les arêtes les plus élevées des Apennins méridionaux; il recevait sans communication avec les vallées voisines les eaux d'un bassin de 65,000 hectares. — Le dessèchement de ce lac avait déjà, du temps des Romains, l'utilité de rendre à la culture d'immenses terrains d'une grande fertilité qui pouvaient contribuer dans une large mesure, à l'approvisionnement de la capitale du monde. Jules César s'occupa l'un des premiers de ce dessèchement. Ce travail faisait partie du plan d'ensemble qu'il avait conçu. César voulait, en effet, par une double mesure, assurer l'approvisionnement de Rome. L'amélioration du port d'Ostie et la canalisation du Tibre devaient, dans sa pensée, faciliter l'importation des céréales étrangères, tandis que la culture locale recevrait une immense impulsion par le dessèchement des marais et du lac Fucino. César s'occupait sérieusement de ces grands projets quand il fut assassiné. Auguste perdit la question de vue. Une calamité publique devait la remettre sur le tapis; ce fut la grande disette qui désola Rome sous le règne de Claude.

Tacite nous apprend que des capitalistes firent à l'empereur la proposition de se charger à leurs risques et périls de cet ouvrage; il s'agissait de creuser un grand souterrain de près de 6 kilomètres de longueur pour rejeter les eaux du lac dans la vallée du Liri qui se jette dans la mer près du môle de Gaëta. Cette assertion de Tacite prouve deux choses : que l'industrie romaine, malgré l'imperfection de ses moyens d'exécution et quoique privée de grand secours de la poudre, ne reculait pas devant une percée qui est considérée encore de nos jours comme très difficile ; la seconde, que les Romains n'étaient pas aussi étrangers que nous pourrions le croire aux combinaisons de crédit et de la spéculation.

Mais ces offres ne faisaient point l'affaire du favori *Narcisse* qui comptait bien se réserver la direction de ces grands travaux pour faciliter ses déprédations.

Aussi Narcisse, avec l'autorisation arrachée à Claude, met-il la main à l'œuvre en s'associant des ingénieurs dont l'histoire n'a point conservé les noms et en se réservant la direction suprême des travaux et des dépenses.

Ces travaux furent commencés en l'an 42 et poussés avec activité.

En l'an 59, on annonça que *l'émissaire* du lac était percé d'un bout à l'autre. Claude et son entourage décidèrent qu'on donnerait un grand éclat à l'inauguration des travaux et on se mit à préparer la plus grande naumachie qui ait été donnée dans l'antiquité. Une lutte navale et à mort de dix-neuf mille combattants pris parmi les gladiateurs et les criminels, montant des vaisseaux et formant deux flottes ennemies, fut résolue.

Cette lutte mortelle devait avoir lieu devant Claude, assisté d'Agrippine et du jeune Néron qui prenait ici une leçon pour ses futurs exploits.

Aujourd'hui, Messieurs, avec nos idées chrétiennes, nous ne pouvons qu'être confondus d'étonnement et d'horreur devant un semblable spectacle ; nous ne pouvons trouver de scènes analogues qu'au fond de cet infortuné continent africain resté jusqu'ici maudit de Dieu et dont la régénération doit probablement ressortir, espérons-le, des progrès de l'industrie et de la science.

Ce grand sentiment chrétien d'humanité, de tolérance, du pardon des injures, de secours aux faibles, venait à peine de descendre sur la terre, entièrement dominée par la force J'avoue que j'admire peu les grandeurs romaines et que si à certaines époques de son histoire ce peuple eut quelques mâles vertus, elles sont bien rachetées par ses cruautés, par les spectacles effroyables de ses colysées.

Ce peuple ne connut jamais cette véritable grandeur, qui sera l'apanage de notre société moderne et la résultante de deux forces immenses : l'idée chrétienne d'une part et, de l'autre, les ressources infinies des sciences et des industries modernes alliées pour se compléter et relever la condition de tous ceux qui travaillent et qui souffrent.

Mais en comptant sur le succès des travaux, en voulant fêter ce succès par l'immolation de nombreuses victimes humaines, l'empereur Claude avait compté sans les déprédations de son favori Narcisse.

En effet, les travaux avaient été mal exécutés ; les eaux s'étaient d'abord, aux applaudissements d'une foule immense, engouffrées avec impétuosité dans le tunnel, mais cette joie fut de courte durée. Elles s'arrêtèrent bientôt ; il y eut des éboulements intérieurs. Tacite nous raconte qu'une scène violente eut lieu alors entre Agrippine et le favori accusé par elle de déprédations. On trouva cependant le moyen de cacher à la foule ce honteux échec en ouvrant aux eaux une issue provisoire ; mais rien de pratique ne résulta de là, sinon l'égorgement de seize mille victimes humaines.

Comparons maintenant les ressources de l'industrie moderne à ces prétendues grandeurs romaines.

L'entreprise du dessèchement du lac de Fucino a été reprise dans ces temps derniers par le prince Torlonia. Ce prince romain, grand capitaliste, fut séduit par le côté humanitaire de l'entreprise, par sa grandeur et ses difficultés. Il fit appel pour la diriger à M. de Montricher. Ce dernier, déjà miné par les fatigues d'un travail excessif, accepta cependant cette grande responsabilité et se rendit à Naples en 1854. Il se mit immédiatement à l'œuvre pour la rédaction du projet, qui fut terminé en trois mois. Pendant les quatre années suivantes, on voit de Montricher partagé entre ses travaux de Marseille et ceux du lac Fucino, toujours en lutte ou en voyage, communiquant à tout le personnel occupé au dessèchement du lac, sa dévorante activité, faisant face, à force de dévouement et d'invention, à toutes les difficultés renaissantes de cette opération difficile.

En 1858, les travaux étaient dans la période de leur plus grande activité ; plus de 5,000 ouvriers y étaient employés. Le succès, après bien des difficultés vaincues était assuré. L'ingénieur venait dans une dernière tournée de communiquer à ce personnel si nombreux sa confiance dans le succès quand il fut attaqué d'une violente fièvre typhoïde. On eut à peine le temps de le transporter à Naples où il rendit le dernier soupir dans les bras de sa fidèle compagne qui était accourue à la première nouvelle de cette maladie si soudaine.

Les travaux du dessèchement du lac Fucino sont achevés depuis longtemps déjà. Ils ont coûté environ 25 millions, mais ils ont conquis à la culture plus de 14 mille hectares de terrains de premiere qualité. Les populations riveraines recueillent aujourd'hui les bienfaits d'une opération dont le succès illustrera le nom du prince Torlonia, et qui est dû à la science et à l'habileté de Montricher.

Le corps de Montricher fut ramené à Marseille aux frais de la municipalité. La population toute entière suivit son convoi, et c'est avec vérité que le maire de Marseille put dire sur cette tombe si prématurément ouverte, que cet homme éminent avait marqué son passage dans une vie si courte par des actes d'une charité évangélique et par de grandes œuvres.

Et maintenant, Messieurs, après vous avoir retracé bien incomplètement quelques traits de la vie de trois hommes illustres et utiles, quelles conséquences en tirerons-nous ?

Les choses grandes et durables ne peuvent être réalisées que par des efforts persévérants, par une volonté que rien ne décourage, par un désintéressement absolu, par une foi profonde dans les secours de la Providence et par ce désir énergique de bien faire que ne déconcertent ni les calomnies, ni les attaques injustes, et qui trouve sa récompense dans la satisfaction de la conscience.

En face des difficultés présentes, ne nous décourageons jamais, allons toujours de l'avant.

La société moderne est dominée par deux forces immenses, la véritable liberté alliée à toutes les ressources de la science.

Si un spectateur des désastres qu'avaient amoncelés dans cette noble cité les fureurs révolutionnaires pouvait revenir parmi nous, ne serait-il pas émerveillé à la vue de ces rues splendides, de ces quais, de ces palais qui ont fait d'un monceau de ruines que la Convention voulait raser du sol, une ville magnifique pleine de foi, de patriotisme et d'avenir !

Et vous, Messieurs, au milieu de tant de révolutions, de désastres, de créations successives, vous êtes restés fidéles au poste, recueillant et résumant dans votre Compagnie les traditions du véritable patriotisme et de cette liberté sage qui est pour l'avenir la sauvegarde de tous les intérêts et de l'amélioration sérieuse et progressive de tous ceux qui travaillent et qui souffrent.

A. DUMONT.

Paris, le 15 septembre 1879.

Bagnols (Gard). — Imp. Ve Alban BROCHE.

www.ingramcontent.com/pod-product-compliance
Ingram Content Group UK Ltd.
Pitfield, Milton Keynes, MK11 3LW, UK
UKHW012131240726
13965UKWH00005B/2101